JN410208

# 친숙한 문양들

국립중앙도서관 출판예정도서목록(CIP)

친숙한 문양들 : 김정옥 시집 / 글쓴이: 김정옥.
-- 서울 : 북랜드, 2019
p. 136 ; 13×21cm -- (형상시인선 ; 22)

ISBN 978-89-7787-860-0 03810 : ₩10000

한국 현대시[韓國現代詩]

811.7-KDC6
895.715-DDC23 CIP2019015167

형상시인선 22 김정옥 시집

# 친숙한 문양들

**인쇄**| 2019년 4월 25일
**발행**| 2019년 4월 30일

**글쓴이**| 김정옥
**펴낸이**| 장호병
**펴낸곳**| 북랜드
06252 서울 강남구 강남대로 320 황화빌딩 1108호
대표전화 (02) 732-4574 | (053) 252-9114
팩시밀리 (02) 734-4574 | (053) 252-9334

**등 록 일**| 1999년 11월 11일
**등록번호**| 제13-615호
**홈페이지**| www.bookland.co.kr
**이-메 일**| bookland@hanmail.net

**책임편집**| 김인옥
**교 열**| 배성숙 전은경



ISBN 978-89-7787-860-0 03810
ISBN 978-89-7787-861-7 05810(E-book)
값 10,000 원

형상시인선 22

# 친숙한 문양들

김정옥 시집

북랜드

## 시인의 말

산다는 건
몸 밖으로 넘치려는
울음의 마디를 조절하는 것
따뜻한 새순으로 비워냈으니
흔들림은 그대의 몫

2019년 봄
김 정 옥

차례



## I

## II

## III

## Ⅳ

*I*

# 나를 찾아가는 길

몇 차례 봄비 지나가고
화단의 주목이 손가락 한 마디만큼
새순 밀어 올렸다

이리저리 끌고 가던 마트의 카트
무빙워크 위로 올려 주차장까지 데려온 내가
참으로 신통해 보인다

이젠 혼자서 외식도 하고
이젠 혼자서 영화도 보고
이건 좀 무리인가 싶지만
해외여행도 엄두를 내본다

혼자 살아보기 작은 능선 하나는 넘은 듯
이 정도면 뿌듯하다

올해 보지 못한 산비탈 진달래도
내년에는 꼭 보겠다고
늘 걱정해주는 친구에게 전화를 건다

>

촉촉한 아침 커피향 함께 나눌
좀 더 자란 화단의 주목에게
내 안의 나를 찾게 해달라고
부탁 말 건네본다

# 첫 손님

어질러진 세간을 치웠다
너무 오래 한곳에 머문 가구의 무게에
움푹해진 바닥
가구를 들어
한 뼘씩 옆자리로 옮겨주고 나니
좀 더 붙들어 두려던 고요는
무술년 아침 날아오르는 먼지 춤,
그래도 공중은 따뜻해지길 바랐다
이럴 땐 아껴둔 찻잔을 꺼내는 거야
커튼에 너무 오래 가려졌던 창문에게
조곤조곤 볶이는 커피의 조잘거림을
수증기로 들려주는 거야
마주 보며 다가온 햇살
난 무릎을 소리 없이 일으켜 세워
왼쪽 볼을 햇살에게 내어준다
따뜻했다, 춤추던 먼지들의 입맞춤
내가 사는 막다른 곳까지 찾아와
더도 덜도 아닌
난민에게 내어준 한 뼘의 자리

그건 얼마만큼의 안도감
건네 온 먼지의 눈인사에
골주름 바닥은
햇빛 보톡스를 맞은 듯
억압을 견뎌온 시간
긴장을 풀고 있다

# 따뜻한 동지冬至

백여 명의 입에 떠물릴 팥죽은
종교의 안과 밖이다

등 시린 소외 구석구석
밤이 피어올린 온기는 둥근 정

저 높은 곳 그분께서도
편 가르지 말고 살라시며 뽀글뽀글 끓이는 속
포만으로 지으신 미소가
팥죽의 향기다

더 깊을 밤이 없는 동지
더 가질 것도 없는 동지

날아든 새들의 이불 속
새해에 낳을 알 만드느라
끙끙거리는 동지

# 봄 도톰하다

혼자 선 발자국은 혼자서 떼어야 한다

따뜻해진 성전 뜰은 오래 넘긴 성경
몸을 녹이던 바람이
사제복 왼쪽 복숭뼈 언저리
도톰한 주름을 짓궂게 흔든다

삼월 오후 사방을 둘러봐도
기댈 나무 한 그루 없다

들판에 날들이 덧대어져 계절이 바뀌고
그 징한 상처에도 잎의 경계가 생겨났다

주님 앞 사제에게 새순이 돋아
성체를 받아 모셔도 이리 고독한 이유는 뭘까

아물린 상처자리 펄럭이는 옷깃
숨겨둔 어둠은 도톰해서
만질수록 간지럽다

# 알 수 없는 의중

잠깐 들른 그대와
따뜻한 물 두 잔으로
일요일 오후 식탁에 마주 앉았다
주말 어떻게 보내고 있냐기에
알면서, 늘 그렇지 뭐! 라고 했다

바람나지 말라는 유부녀는 바람도 잘 나는데
바람나라는 싱글은 바람도 안 난다고
한 번의 연애로 골인한 결혼
나를 닮아서 그렇다는 투정이다

이번이 처음 아닌 여러 번 들려준 그 말을
이른 봄 쟁기로 확 갈아엎어 버릴까
불끈 치밀어 오르는 분노

괜찮은 남자 있으면 곁도 좀 내어주고
성에 안 차도 좀 맞추어도 보고
해외는 나와 한 번씩 가면 되니, 라는
이 또한 귀에 딱지가 앉은 말

>

왔다가 푸르르 달아나기 바쁘면서
연애라니, 뭔 연애
연애도 빈익빈부익부라고
후추까지 뿌리는 그 말
그 참,
이쯤 되면 인권침해다

# 수경꽃

시공 넘어 톡톡 카톡을 보낸다

어디까지 갔니? 너 지금
목적지가 어딘지 아니?
어제 떠난 길
남은 길이 보이기나 하는 거니?

눈앞은 캄캄한 미세먼지
너 없는 하늘은 껌뻑껌뻑

훗날 내가 너를 찾아갔을 때
수경꽃 너 반겨줄 거니?
활짝, 너는 거기서도 여기서처럼
새벽에 좋은 글 보내줄 거니?

부글부글 넘치던 독백을 잠재우며
그럼 난 너의 찬물 한 바가지로
또 하루 견뎌낼 테니

>

그런데, 아직도 그리운 것들을
그리워하지 않을 자신이 없기에
나 너를 따라가지 못하네

등 뒤를 찍은 너의 사진
돌아올 길 그대로인데
넌 어디까지 간 거니?

# 지워지는 것들

붉다가 붉다가
양귀비를 품은 꽃밭은
더는 붉을 수 없어
몽환 속이다

오신 님은 내 님이 아니셨던가

고뇌가 빠져나간 몸은
손 놓고 싶지 않을 때마다
입에서 화근내가 났다

그대 흔적에 떠밀린 나
얇은 꽃잎마냥

잔 속 물그림자 된다

# 꿈의 다리

먼 길 떠나는 그대 겨울비 내리거든
갈대꽃 데리고 꿈의 다리에서 만나요
베어 물고 삼키지 못한 반시의 달콤함은
전하지 못한 마음의 까닭이니
까치 목청에 휘어진 갈대의 목을 걸어주어요
핑크뮬리 스러지기 전
그대가 살빛 맑은 갈대든
꿈까지 화려한 핑크뮬리든
그건 내게 중요치 않아요
천천히도 말고
서두르지도 말고
꿈의 다리 중간쯤에서 우리 만나요

# 나비 된 팬지꽃

바다 허공을 맴돌던 나비가
학교 복도 창틀에 와서
긴 화분으로 놓인다
일그러뜨려도 뫼비우스띠는 뫼비우스의 띠
비틀어도 좌우는 풀리지 않는다
서로 감아 오르는 나비의 허공
먼저 떠난 아이들은 팬지를 좋아했었나 보다
노랑 보라 자주로 재잘재잘
배가 기울어질 때 이미
연속 곡선 속에서 떠올랐다 하네요
향기로운 목숨 나비로 살겠다고
커다란 여객선처럼 얹힌 화분
창은 이제 가슴을 연 팽목이다
집을 떠나 잠시 달떴던 마음 위로
덮치는 침묵의 파도는
이제 그만
팬지들은 날갯죽지 튼튼히 흔들어
꽃이 나비가 되는 합창
지칠 줄 모르고

# 난감

가시 찔린 손가락이 아리다
손가락을 찌른 가시는 더욱 아리다
숨이 멎긴 마찬가지다
낙화하지 못한 꽃 한 송이를 매단
도화나무는 얼마나 안타까울까
벗지 못해 지고 온 삶의 무게가
바나산 일천사백 고지 허리춤
파편 박힌 옹이에 손을 얹게 한다
한 그루 고목이 되고서야
저만치 님은 는개에 묻혀오고
달라붙은 고독은 마지막까지 남은 자존심
견딘 시간만큼 발이 저려온다
마른 딱지인 듯 가지를 물고 놓아주지 않는
이 꽃을 어찌하면 좋을까
고목에 수액 돌아 새순 돋을까

# 그리운 어릿불

모래에 닿은 발바닥이 뜨거워
용왕 보고 놀란 토끼처럼 뛴다

군데군데 피던 해당화 가시 피해
책보자기 던져놓고
엉덩이 흔들며 조개 잡던 어릿불

한주먹 꽉 쥐면 솔솔 빠져나가던 모래
단발머리 미역줄기처럼 출렁이던 그곳
떠나온 뒤에도 사뭇 그립다

시간 건너뛰어 만나는 어릿불
파도 빠져나간 발은 간질간질
어머니 오빠, 친구들은 모두 떠나고

노을빛에 후릿그물 끌어당기던
남정네 힘줄 선 다리 사이
기억 퍼덕퍼덕 되살리는 잡어 떼

>

이마주름 휘어진 해안선은
유년의 조각들 떠내려갈까 봐
파도거품 속 만국기 되어 펄럭인다

# 검은 꽃

봄이 찰박찰박 강물 위를 걸어왔네요

고향 앞산 여기저기 진달래 피었네요

먼 길 엄마 손잡고
고향집에 돌아온 대여섯 살 계집아이
뭉텅 따서 움켜쥐고 입안에 밀어 넣는 꽃잎에서
엄마의 자궁은 황토벽 같아요

입가를 온통 적셔놓은 새콤달콤한 봄밤이네요

귀밑머리 살살 쓰다듬던 그 밤의 꽃멀미가
사각사각 풀 먹인 무명이불 들추어요

손톱 밑 검은 꽃물

부엉이가 눈 뜨고 밤을 새운들
목에 걸린 피멍을 소쩍새가 토한들
이미 진달래꽃은 몸속으로 들어갔네요

>

먼 훗날에도 노을 잠긴 강물은
어쩔 수 없는 꽃멀미로 너울거려요

## 호랑가시나무 소묘

아파트 놀이터 마당은
입술 닿지 않은 컵의 테두리
까치호랑이 웃는 얼굴이 예고 없이 걸려
첫눈을 들어올렸다

흰 카펫 위를 뛰는 강아지
아이들과 다를 바 없어
발바닥 시려 들어올린 한 다리
오줌발로 그려 넣는 영역

미끄럼틀 곁에 세워둔 눈사람에게
쓴맛 묵직한 커피를 먹여주고 싶다고 웃다가
눈사람 표정에 놀라
깍깍 우짖는 까치를 본다

바람 없이도 흔들린 호랑가시나무
눈 위에 내어주는 길
웃음꽃 발그레하다

>

잎 없어도 식어가는 내 커피잔
맨발로 뛰어든 눈송이에 놀라
아랫도리 다시 뜨거워졌다

# 카이로스의 시간

사각 벽이 내미는 배가 나를 쥔다

평생을 순응하며 살다가
누르지 못해 뜬금없이 치밀어 오르는 울화
염장하듯 삭인다

흰 눈은 듬성듬성 때 이른 정수리에 내리고
멀건 하늘 올려다보다 마주친 스님 얼굴
다 내려놓고 떠나신 그곳은 어떠시냐고
삼복의 땅인 여기서 안부를 묻는다

측간을 오갈 때 바지런 떨던 공벌레
정해진 방향이라도 있나 싶어 쪼그려 앉아서 보니
아직 고만고만한 그 자리
저놈도 뭐 딱히 진로가 없는 것 같다

길상사 법당 공벌레 되어
점 하나로 액자 속에 들 수 있다면
시간과 정면승부 했던 내 면벽수행은

>

무너질 걱정의 대들보도 없는
절 한 채 머지않아
번듯하게 지을 것이다

# 우주일화

베란다에서
여우가 되고 싶은 내가
발정 난 여우엉덩이 냄새 진한
커피를 마신다

둥근 커피잔은 소류지
입춘은 바람을 지나와서
주름진 물결로 둑에게 간지럼 태운다

초저녁 아장걸음 달빛에 놀란 산수유
지난밤 살짝 다녀간 실비에 뒤뚱거린다

지금, 소류지 여기저기엔
산책 나온 푸른 바람 뛰어다니며
발자국 찍듯 봄꽃 터트린다

호기심 손끝이
걸음마 배우는 아기 다루듯
커피잔 놓아둔 베란다를
꽃꿈에 취하게 한다

# 야행夜行

풀벌레의 집은
반달 기울어지는
먼 서쪽에 있다
설핏 들 수 없는 화단의 잠
나뭇가지 베고 누워
쉰 목청으로
지우고 또 지우는 달
멀지 않은 곳의 그도
넌지시 보고 있겠지
우는 듯 웃는 듯
붉은 저 달

## *II*

# 한 번 단 한 사람

텃밭에 심었다는
무공해 배추 한 봉지 얻어
냉장고 넣었다가 석 주쯤 지나 꺼내니
흰 비닐봉투에 비친 노란색

다 버리는가 싶어
성급하게 펼치는데
세상에나, 기특도 하지 그곳에서
노란 배추꽃 한 송이 웃고 있다

조물주 뜻에 순응했다는 것
이 얼마나 감사한 일인가

강산도 바꾼다는 세월
한 번 단 한 사람 꿈꾸며 비워둔 자리

하느님 아버지 붓다 삼촌께 들인 정성
배추꽃 노란 너는 나보다 낫다

추운 밤 하나의 심지로 뻗어 올린
간절한 촛불 같다

# 물 위의 동거

거북부부 한 쌍 이십년째 동거중이다
동해바다 벽화 아래

두 마리 거북 번갈아 등에 타고
바다를 유영하다
어머니 계신 곳에 닿고 싶다

치마폭 무릎에 앉아
한 움큼 꺾어온 찔레의 껍질을 젓기며
옛이야기 잘근잘근 씹고 싶다

집 나서는 거북부부 따라
날마다 길 바꾸다가
돌아올 길 잃어도 좋다

생을 함께할 구갑석 거북부부

# 금 안, 금 밖

난데없이 현금이 필요해
모자 푹 눌러쓰고 지하주차장으로 갔다
차로 오분 거리

공공기관이 많은 도심의 점심나절
정장차림 젊은이들이
빨대 꽂힌 종이컵을 들고
여기저기 건물 그늘에 모여
커피 향기 대화 중이다

은행 앞 횡단보도에 선 나
내려다보던 시선에 낚여 올라온 짝짝이신발

어긋난 사랑 지느러미 흔들다가
사슬에서 풀려난 짜릿한 쾌감이
노란 선을 밟은 것이다

경계가 경계를 넘는 이런 느낌이
해방감일 수도 있겠다

>

민망함이 꽃으로 피어난 내 얼굴
여리여리 피어난 잎들이
살랑살랑 웃으며 놀린다

# 집, 천년을 함께할

천년을 살고 싶은 집을 낮꿈에서 보았다
미음자 대문의 기와집
엷은 옥색 한복에 쪽 진 머리 여인은
연화좌대에 앉아 나를 기다리고 있었다
강산이 몇 번이나 바뀐 후
어머니와의 해후였다
꿈속에서 나는 쭉 함께 살자는 말을 한 것 같은데
급한 볼일이 생겨버린 난 곧 돌아오겠다며
꿈 밖으로 나왔다
어느새 내 눈가는 젖어 베개까지 적셨다
손잡고 얼굴이라도 한번 비벼볼 걸
포옹이라도 해볼 걸
뭐 급한 일 있다고
밀려오는 해후의 순간은 허무의 바다
봄 햇살이 뺨을 닦아주는 오후였다
나는 꿈속에 보았던 어머니에게 전화를 건다
묵묵부답
우주 저편에서 들려오는
어머니 시중들던 한 여인의 목소리가

쑥꾹새로 돌아와
꿈속 미음자 대문 기와 들썩거리도록 운다
이제 그분은 극락으로 가셨다는 거였다
언젠가 나 돌아가 어머니와 함께할 집을
봄날 꿈속에서 보았으니
내게 남겨진 앞으로의 봄날은
평온한 참꽃 펄럭여도 좋으리

# 찔레꽃 붉다

눈이 자꾸 닫혀 따가운 울대
거기 어디 찔레꽃 피었던가요

젖가슴 터질듯 산자락 듬성듬성
치맛단 종아리 여러 번 긁힌 내가
달을 찾겠다고 또 집을 나서진 않았던가요

돌아오지 않겠다고 길 떠난
아버지도, 그대도
하얗게 웃으며 저만치 걸어오지 않던가요

갖가지 술을 담아 놓았으니
청사초롱 앞세우고 허리 숙여
처마 낮은 찔레꽃 넝쿨 속으로 들어오세요

이번 생에 못 해본 말 아버지, 그대도
내가 담근 술 속에 함께 넣은 것은
흰 찔레꽃잎인 줄 알지만
사실은 올해 솟구친 끝 붉은 가시예요

>

여섯 번째 잔을 입속에 머금을 때
이것이 이별주인 것을
강물 위로 떨어진
찔레꽃은 알까요

## 이웃들

비가 그쳤나 보다
공원 입구 참나무들 사이로
크림색 엄마나비 폼 나는 저공비행이다

아기나비에게 날아오르는 법
가르치려 하지만
젖은 날개 무거운지 흐느적거린다

작은 소리에도 이리저리 살피는 본능이
긴장 푸는 순간

살갗 비치는 등짐의 여린 달팽이
살금살금 계단을 오르다가
발밑이 어지러워 동그랗게 뜨는 두 눈

비 오고 천둥 치고 안개 몰려오면
저들의 더듬이는 그대로 꼿꼿할까

살피지 못한 소통부족의 이웃들

걸어가는 내 뒤통수 따라오다가

암녹색 옷을 벗고
갈색 옷 갈아입은 참나무 이파리들

머지않은 추락의
가장 멋진 동작을 고민한다

## 모계

난로는 통나무를 맛나게 씹어 먹는다

추운 길을 걸어온 두 여인에게
온기를 챙겨 주려고
나이테 속에서 꺼낸 고향의 맛들
불길로 피어오른다

비와 바람의 시간이 활활 타서
익숙한 그을음 냄새가 나기 시작한다

그녀들의 어머니는 자매였고
서로 얽힌 이야기는 달달했다
진달래 반딧불 무논 개구리도
시시때때로 다르게 울던 파도소리도
거실을 온기로 데우는 데 한몫 보탠다

난로 속엔 지금
같은 산에서 같이 눈뜨고
같이 잠들었던 자매가

서로의 다리를 포갠 채 활활 타오른다

약속이나 한 듯 상처의 흔적은 지워졌고
그 공허한 자리를 꿰매는 것은
정의 불길

무쇠 같은 십이월의 외투는
아래로부터 붉게 엮이며 타는
꽃빛이다

# 막다른 길 막다른 집

길의 소실점이 부르는 듯해서 달려가 보았다
두 번째 골짜기도 막다른 길
더는 나아갈 수 없어 멈추었다
컹컹 짖는 소리에 번쩍 든 정신
목줄에 매달린 개 두 마리 경계의 눈빛에도
출렁이는 내 울음을 섞기에는
하늘이 보내온 빗줄기 너무 가늘다
길 잘못 든 나를 마당에서 배웅하는 중년부부
날개를 가졌으나 날지 못하는
오리와 닭
피와 살점을 베던 칼날 아래 도마를
비가 흠씬 적시고 있다
석축 아래 처녀꽃눈 닮은 개나리
마른 가지 빗물로 씻기고
봄비에 터지고 말 부부의 가게가 걱정인 지금
나 잘못 든 이 길을 꼭 기억해 두어야지
벌 나비 모두 시집보내는 날
막다른 길에서 만난 오늘의 비가 그렇듯
닭대가리 육수에서 건져 올린

잔치국수 먹으러
꽃비 밟으며 다시 와야 하니까

## 비옥취사比玉聚沙

그대
꿀을 따다
꽃에게 상처 입었나요
꽃에게 상처를 입혔나요

산 넘고 들을 지나
무수한 꽃밭 지나온 그대
쿨렁쿨렁 지친 건 아닌가요

벌인가, 나비인가
묻혀온 꽃가루 내공의 마디엔
깊이를 더해가는
동락당 한 채
오르는 길은 다 지웠나요

나 그대에게
목도리 두 번 둘러 상처 감싸며
처음엔 물처럼 담담하나
오래가는 친구였으면 해요

>

날갯짓에 지친 그대에게
상처 내지 않을
비옥취사 어떤가요

# 너를 만나

버스에서 내린다
지하철을 갈아탄다
폭 좁은 다리를 승용차로 건넌다

도착한 시골 마을 초입
두 그루 감나무는
전깃불에 반질거리는 살점들
오지게도 많은 열매 달았다

두어 번 골목을 더 돌고서야
보여주는 어린아이 주먹 크기
그제야 가지 끝에서 만난
서로가 서로에게 닿기까지의 먼 길

너를 만나 지치지 않은 나
짬뽕의 면발로 건져지는 저녁
길로 엉킨 가슴은 얼큰했다

발에 닿는 싸한 냉기로 보아

구름 씹은 것 같은 혀의 감촉
오늘 만난 너의 길
언제쯤 익숙한 나의 길이 될까

## 그땐 그랬다

태어나 시집갈 때까지 쌀 서 말을 못 먹고 간다는
뒤곁은 보리밭 앞뜰은 시퍼런 바다밭
집은 더는 갈 수 없는 구만리 그곳에 있었다

가난했지만 쌀 서 말은 먹었던 언니가
구 남매 맏며느리로 시집간 그곳
파도는 갯바위 쳐대는 짐승의 울음
삐걱대는 문틈으로 거품 물고 달려들 것 같아
그 집, 베개 자주 돋우곤 했던

오징어 따라 속초에 간 서방님 찾아,
먼 길 채비할 때 친정어머니 말씀은
"야야, 강원도는 눈이 오면 처마 끝을 가린단다"
그런 길 걸어 집에 오면
"포대기만 두르고 아는 어디서 흘렸는지 없단다"고 하신 말씀

어깨 끈 달린 속자루 만들어 돌 지난 딸아이 넣어 메고

군용 모포 포대기 보릿단 묶듯, 단디단디 동여매어
서방님 찾아 속초 간 스물셋 언니

집은 그만 눈에 갇혔던지
친정집 마루 끝에 아가씨가 된 동생을 안고
십삼 년 만의 포옹은 젖은 떨림이었다

칠월칠석날 밤 팔베개하고 누운 구만리 방파제
오늘도 시퍼렇게 얻어맞는 갯바위
물 씻김 위로 쏟아지는 별빛

꽁보리밥 된장에 삭힌 진저리
달랑 걸친 숟가락 하나로 바다를 떠먹던 그 집

# 오늘의 주도酒道

며느리, 어머니는 술 하자 해놓고 참참이 안 돼요. 술은 왔다 갔다 찹찹해야 되는데 그래, 오늘밤 찹찹 한 번 해보자. 매화 그려진 잔, 일본여자 그려진 잔, 어떤 걸로 사위는 저는 여자로요. 그렇지, 너는 남자가 없는데 어떻게 하냐? 우리 그냥 여자로 통일하자 네! 양귀비, 포도, 맥주 세 가지 주류가 다 비워지고 나서 이번엔 사위가 양주를 따잔다. 훈수 두는 아들, 아파트 동을 잘못 가서 전화하는데 이따 절할 때 누구 한 사람 뻗지 싶다. 술은 취하려고 마시는데 내 며느리, 사위 이 정도는 돼야지 하이파이브 팍팍 분위기 익고 두 사람 얼굴은 홍안이다. 척 봐도 주당들이다. 어머니는요? 나야 술 입에도 못 대어도 사회생활하던 오빠들에게 배운 노하우가 있지. 아들, 또 훈수 엄마는 술 안 돼 둘이 속은 거야. 아아아! 재미있게 찹찹했는데 뭐지 데리고 노는 재미가 이보다 더 즐거울 순 없다. 절할 때 쫙 뻗은 건 네살 손자다.

술 향기에 취했나!<br>
아들딸은 대리운전 기사가 되어 떠났고<br>
준수한 청년과 나란히 앉은 나는<br>
사십 년 전 젊은 영일만을 바라본다.

# 언제부터 저기에 누가 동양화 한 폭을

어제로부터 흘러온 시간과 마주 앉아
뒤 구름에 밀린 앞 구름이
서에서 동으로 떼 지어 흘러간다

소나무 우듬지를 막 넘어가는
저 가슴 붉은 노동을 본다

착륙이 가까운 흰 꼬리 여객기
동에서 서로 학처럼 미끄러진다

낮과 밤 사이의 사랑
너와 나도 부질없는
살비듬 말리는 영육의 시간에
찾아온 평온

맑은 날 이 시간 때면 볼 수 있는
누가 저기에 동양화 한 폭을
걸어 두었을까

이 시간 이런 한 폭의 그림이 호사가 아닐까

# 저 너머

초여름 태양은 불사조 같은 존재
구름 같은 내 손은 한 번쯤 붙들고 싶다

"그대 발길 머무는 곳에"

계곡이 숨겨놓은 화가의 집
다섯 중년이 모여 먹는 점심
욕심의 날개를 달면 화근이 될 터

비우는 것이 행복임을 아는 우리는
탐스럽게 익어가는 앵두나무 가지 휘어잡아
풋기의 바가지에 담는다

앵두 같은 입술 저 너머는 무엇이 있을까
생의 후반 보따리 풀어
지나온 쓴맛 앵두에
초여름 태양의 맛을 보탠다

너도 한 입 나도 한 입

구름의 손으로 움켜쥔 뜨거움
상큼 노을 밥을 달게 먹는다

## 공空

안주 오백 원어치 주소
예?

그 배추전은 얼마요
천 원입니다
배추 값이 내렸는데 뭐 그리 비싸요

안 비쌉니다
배추 값이 내려도 안 내리고
배추 값이 올라도 안 올려요

중앙시장 좌판
할아버지의 나무젓가락에
오백 원어치 배추전은 덤이다

내려와도 올라가도 탁주 한 잔 안주 한 점
할아버지의 저녁은 늘 그대로다

허기다

*III*

# 끝나지 않은 수행修行

칠백 년 살아온 주목 한 그루
삼복의 한낮
천하제일복지에 입 꾹 다물고 섰다

홀로 버티는 위풍당당 저 모습
하늘 땅 사이 구멍 숭숭 드러난 게
꼭, 늙은 공룡의 화석 같다

말이 좋아 천하제일복지지
곤룡포, 넥타이, 칼부림, 총소리에
까만 밤 비릿한 권력의 이동
소리 없는 발자국도 지켜보았을 것이다

이제 또, 백 년도 못 사는 인간의 애사에
살점 버린 주목은 빙그레 웃는다

고통이라는 짐을 짊어진 산 자가
죽은 자의 그늘 자락 지날 때
아낌없이 내어주는 건

호리병에 든 감로수 한 모금

아직 끝나지 않은 듯
주목은 붓다의 수행이다

# 동백 젖다

새색시 적 구부러진 바래길

다홍치마 파랑저고리 차려입은 동백이
남해 앵강만에
노란입술로 뜨던 날

보일 듯 말 듯 단속곳 버선코가
사뿐사뿐 건너 밟던 다랑논

등 굽은 지팡이 할머니 꿈인가
어제인 듯 정자에 앉아, 잠시

바위에 속살 부비는 논배미 생
두루미처럼 앉아 허공을 살핀다

황금어장 앵강만을 끌던 갈쿠리
물컹한 손만 남아
새색시 적 꿈이 만선이다

# 대게와 매화는 같이 온다

구룡포 말목장성 산책길
소나무 우듬지에 박힌 습설
송송 터트린 이월 뻥튀기다

산 아래 몽글몽글 둔치쯤에서
홍매화 데리고 온 사람 출출할까
점심상에 대게를 올린다

구룡포 돌문은
내 어머니 흘리신 땀내
겨우내 싸매어 두었던
가얏고를 푼다

지나온, 머무른, 떠나간
열두 줄 고갯마루길
숨찬 달의 향기 퉁긴다

# 부용화

사백오십회 생일 맞은 한옥지붕
일기장처럼 촘촘한 기왓장 틈에
와송꽃 피운다

꽃길 흙길 위리안치 대를 이은 사당위패
목 치켜든 장닭의 벼슬 같다

주인 없는 붉은 흙담 그림자, 졸다가
찾아오는 발길 아래
고고하게 펼치는 치맛자락

우물까지 꽃으로 피운 부용화
물거울에 사당위패 흔들릴 만큼 요염하다

옛 영화를 지킨 번뇌
몇 번이나 더 분홍꽃잎으로 폈다 지고 나면
임당수 건너 용궁 마당까지 환할까

깨알 같은 한숨도 너끈히 받아 안은
한옥지붕 날개처럼 가볍다

# 인연꽃

영일만 수평선 붉은 해 낳던 아침을 지나
낙동강 윤슬 보석처럼 빛났던 낮에
오셨지요
여린 살갗 허물 벗는 님

금호강 낙동강이 어우러진 두물머리
깃 붉은 원앙을 띄워두었지요
필 때보다 질 때 더 진한 향기 뿜어내는
난초의 순백 카펫
그 위를 걸어가는 나란한 발자국에서
부부 꽃 한 번 더 핍니다
인연꽃

# 마음 여섯 장

사랑들아

새싹 한 장
꽃잎 네 장
단풍잎 한 장

마음 여섯 장이
스크랩되어
송도 회전카페에서 돌고 있다

크레파스로 그림 그리는 새싹
공중을 벌리는 꽃잎
너라는 별

쏟아붓는 사랑은
달마의 갈대 잎을 타고
어느 별에 닿아
한 방울 샘물 같은
싹을 틔울 거야

>

사랑들아 기죽지 마라

어디든 뿌리내려
원하는 색으로
네 멋대로
세상을 살거라

## 염화拈華

여승의 등이 치는 목탁은 초록이다
햇살 주렴 드리운 법당에 앉아
겹겹의 무게를 지우겠다고

굽은몸 담고 함께 걸어온 신발
나란히 벗어두고 보탠다
목탁소리에 염불까지

한 움큼 담은 구름 날려 보내려
바람의 속도로 걷어내는 번뇌

아제 아제 바라아제 모지 사바하

파랗다, 엎드린 마지막 관절 펼 때쯤에야
여승의 발치

풍경 건드린 바람이
조심스레 문지방 넘어오며
납작해진 신발바닥 안의 그림자

>
벌떡 일으켜 세운다

깜빡 졸던 목어 따라서
출렁 뛰어내린다

# 쓴맛

적천사 법당 앞
귀밑 솜털 보송보송 청매
뜬구름 발길 잡는
풋가시내 젖꼭지다

나를 붙들어 두고
너 누구냐고 자꾸 묻는다

언제 당겼던 인연 줄인지
단번에 꺾으려 해도 질긴 맛

앞섶 벌어지는 꽃받침 위에
원효를 앉혀둔다 해도
함부로 뒤집지 않을 엉덩이

땅에 꽂힌 눈 그대로인 청매
달래 냉이 소쿠리에
요, 토라진 얼굴 담아가서
세상물정 모르는 내 창가에 둔다

>

꺾이다 내민 혀
쓴맛의 진저리다

# 운명이다

여기 모인 삼천여 사람이
고요히 웃고 있는 떼죽꽃이어서
참 좋다

이 땅 흙 밟고 살아가는 개체로서
결코 자유로울 수 없는 현실이란 부채에
잊지 않고 찾아온다는 것만으로
이젠 웃을 수 있다

유모차 속 아이 손에 들린
하얀 국화꽃 한 송이는
또 다른 봉하의 운명이다

길게 또는 흩어져 걷는 발길들
한곳으로 모여드는 이곳

사월 제주에서 일었던 바람
오월 광주 망월 들녘을 지나 몸 뉘니
여기가 봉하다

>

울다가 웃다가 넘어져 다친 바람
꽃핀 떼죽꽃 무거운 가지를 짚고 일어선다
주장자처럼

# 활짝 둑길

건천의 둑방길을 매화가 벌렸다

새끼손가락 살짝 들어 옮겨졌던 기억에는
엇그제 갔던 매화밭이 천 평이다

건조한 내 손에 닿은 젖은 꽃잎들은
만개의 진한 향기로 확장하는 공중

침묵의 공간을 말랑하게 만든 건
우리 손잡고 걷자는 그 말
안 하던 역할을 하려니 조금 피곤했지만

누구에겐가는 아무것도 아닌 일이
내 발목 잡을 수도 있다는
또 다른 생의 기억이 될 순간

꽃이 피어 좁아질 줄 알았던 둑방길
꽃핀 하늘이 내려와
건천을 건너온다

## 유민流民

솔 향기, 풀냄새 지나는 바위군락
몸의 날 선 비늘들 너덜해질 쯤에야
저물녘 어라연에 들었다

숨 돌린 강은 백사장 베고 청하는 잠
배를 걷어 올린 여유로움
푸근한 별의 방석이 되어준다

깊어가는 어라연의 밤 이방인은 없었다

폭포수처럼 아침 햇살이 퍼질 때
또 강은 서둘러 먼 길 떠나려 한다

노숙으로 욱신거리는 내 등이
텐트를 둘둘 걷어 올릴 때
나란히 누워 잠들었던 물뱀 한 마리

바쁘지 않게 아주 천천히
스르르 비탈을 내려가고 있다

## 허들링

초승달처럼 휘어진 등줄기
꿋꿋한 생존의 동백나무
바다를 눈 감고 굽어본다
수많은 발자국 스쳐 간 바람도 햇살도
고만고만한 까만 몽돌을 본다
밀려들어 애무가 살가운 파도의
입김 닿은 속삭임도 있었기에
찾아온 밤 달빛은 고왔다
손끝보다 먼저 붉어지는
동백의 귓불
화안 미소를 드러내기까지는
새까맣게 삭이고 또 삭인 속
한랭기단 속 펭귄의 무리
안과 밖 몸 바꾸는 것처럼
밤이면 몽돌 밭 해풍을 저항하는 동백
서로의 바깥쪽을 품는다

## 여여

유곡 따라 펼쳐진 묵정밭은

흔들어 펼친 두루마리 화폭이다

징검다리 건너 잡은 손이

방금 캐온 더덕으로 차린 밥상

점점 인연, 다시 말아 거머쥘 수도 있다

굳게 닫힌 비밀의 문 열리듯

따져보면 사람 욕심 별거도 없다

일상의 행복도 흐르는 물 같아서

시절인연 참 따뜻할 수 있다면

어제 찍은 공룡 발자국에도

빗물 가두어 복사꽃 띄우리

# 계명의 비

봄 햇살 온몸으로 받아내느라
땅의 배꼽이 깊어졌다

색 바랜 꽃잎 조각배로 띄웠다는 것은
간밤 장대비가 다녀갔다는 것

먼저 달려간 마음을 내려다보는 느긋한 구름
청바지 무릎에 앉힌 까마득한 날의 사랑
지금쯤 어느 하늘 아래서
꽃 진 자리 아물리고 있을까

늘 소중한 것들은 서둘러 놓치고
맑아진 구름의 손짓을 본다는 것은

다시는 놓치지 않겠다는 시간의 줄다리기
내 배꼽의 기갈이었구나

비행기 지나간 실구름을 당기는
계명의 캠퍼스

>

펄럭이는 공중의 신은
울음 그친 앞가슴 촘촘히 꿰매려
무지개 실타래를 꿴
바늘비를 땅 위에 흩뿌린다

## 나훈아

펄쩍펄쩍 살아있는 범상이다
눈빛으로 보아 넘치는 무대 에너지
삼천 명쯤의 눈과 귀 정신은
단번에 집중시키겠다

"내가 정치하면 너거들 뒤집어진 속은 누가 달래주나"
가끔은 철학적인 말로 박수를 이끌어내는 걸 보니
괜찮은 달변이다

십일 년 만에 돌아온 사나이 눈물
웃음이야 주고받을 친구는 많지만
눈물로 마주 앉을 사람은 없더라고
가수는 한 자락 가요로 풀어낸다

그로 인해 느끼한 한 해의 저물녘 시간은
담백한 행복의 맛이다

# IV

## 천마지天馬池

천마산 치마 아랫단
꽃수를 햇살이 놓았다

더 넓은 세상 구경하려고 산꼭대기 오르는 길
솔방울 매단 소나무들은
허리춤 단단히도 졸라 묶었다

몸은 늘 그 자리에 있어도
아침저녁 물 위로 그림자를 옮기는 천마산

밀리다가 떠밀다가
새색시 발아래는 홍건한 눈물이다

아랫마을은 봄 가뭄 들어 모판이 걱정인데
물 긷는 여인들은 치맛단 쓸릴까
꽃무늬 젖을까
물동이 이고 사뿐 걸음 걷는다

이웃한 절집의 풍경 소리

천마지 수면에 이르러
일엽편주 꽃잎 위에 도로아미타불

말풀도 막춤을 춘다

# 겨울 금호강

주름 오그라든 얼음뗏목
군데군데 생겨난 모래성
속으로 흘러갈 강물의 베개 같다
텃새의 잠이 깊어지는 동안
먼 데서 날아온 철새들의 둥지가 되고
잠 속에서도 섬은 부스럭거린다
모로 누워 듣는 먼 나라의 소식
터를 잃은 새 놓지 못한다
아득한 휴식을 꿈으로 엮는 하류
금호강이 낙동강에 흘러들 때까지
장난질을 그만둔 물은 얼마나 심심할까
베개는 이리저리 갈대로 버썩이고
물살에 치인 얼음 속살들
저녁 내내 솜이불로 술렁댄다
꿈의 바다로 가기에는 아직 길이 멀어
이쯤에서 나 그대 품에 잠들고 싶은데
뒤쫓아 오는 청둥오리 눈 동그랗다
강물은 자꾸 마른 갈대 뒤에 숨고
날 선 바람 갈대를 치고 달려

한 줌 덩달아 날리는 모래에서는
태어나느라 진통인 신생의 별들

# 계곡, 수하에서 놀다

간밤 모시적삼 벗어던지고
달려온 낮달이
허전해진 허리로
수하계곡 내려다보겠다고
적송 우듬지에 들었다

동해를 향해 흘러가는 바랑의 어깨
물의 결이 갈대의 발목 어우렁더우렁 에두를 때
내일의 길은 말랑해야 하리

물바람 쐬아 치달아 올라 뜬 낮달에는
낮잠 자고 싶던 잠자리가
사는 일은 다 버거워
휘청이는 날갯짓

너도 한 잔 나도 한 잔
그렇게 세상을 포기하지 않는 일은
아직은 흘러들 바다가 있다는 것

>

벌거벗은 낮달의 설법은 여전히
잠자리 날개옷 선녀들 다녀간
물의 비전 쪽에 기울어 있다

## 금장리 망루

일개미 꼬리를 자동차가 물었다

뿌리 찾아가는 섣달 그믐밤 행렬
미등까지 켠 채 형산강 달린다

신라금관 무덤 걸어 나와
예술회관 몸통 돼
이제 다시 그 몸 안에 불러 모으는 실크로드

금장리 십칠층 망루에서 내려다본
강 건너 신라의 밤은
드문드문 박힌 루비로
이천 년 지난 지금도 휘황찬란

여왕 권력 제아무리 높아도
나이트가운 걸친 채 십칠층 망루에서 보는
저 황금빛 강을 문 용의 춤
밤마다 발아래 둘 수는 없었을 것

>

한때 내가 쏘아 올린 꿈
오늘 밤 별이 되어
김유신 눈 맑은 유전자
이렇듯 촘촘히 잊힌 신라를 살핀다

# 토성에서

투명하리만치 파란 하늘 잘라
내 몸의 어둠 가려줄
인도풍 옷 한 벌 지어 입을까

팔 다리 목의 구멍 따로 낼 필요 없는
휘리릭 펼쳐 감으면 온몸 가려질 옷

겹치는 주름 틈새에 물방울무늬도 넣고
발목 위 걸쳐질 하단에 겹겹 파도
이리저리 주름잡아 볼까

왼쪽 가슴이 풀리면 오른쪽 가슴으로
흘러내릴까 붙잡아 두는 초승달

온몸이 깃발인 듯 토성의 누대에 올라
배고파 지르던 민초들 함성
먼 만경 들녘을 내려다볼까

무엇을 품어도 넉넉한 하늘 천으로
무엇도 품어보지 못한 내 마음
멍석 말듯 감싸 볼까

# 친숙한 문양들

오어사가 꽃살문 문짝인가
꽃살문 빛바랜 문짝이 오어사인가

부서진 시간처럼 걸어둔 뜬구름
살아오며 풀지 못한 화두를 본다

경전을 옮겨 흘려 쓴 기둥 글씨
저리도 가지런할 수 있었던 건
글씨를 읽는 딱따구리
수시로 다녀갔기 때문

부서지는 소리와 튕겨지는 소리 버무려져
생사의 경계를 넘으려다
본다, 뭉개졌을 끝날의 고요

묵화 핀 솔가지 스치는 눈발
탑의 어깨에 미끄러진다

오어사 꽃살문 틈새 걸린 화두
동사승 빗자루가 쓸어 모은다

## 풍경, 줌인 되다

바다가 마당인 그 집은
지붕이 붉었다
도동항 번잡함을 빠져나와
바지랑대 그림자에 걸터앉은 나그네
유람선 떠 있는 울릉도는
어머니 품속 같다
주름진 옥색치마 줄에 널고
바다를 내려다보는 집
맞댄 술잔에서 꺼낸 파도가
몸 안에 출렁일 때
이사부의 첫발 딛는 소리 들린다
내가 권하는 낮술 한 잔 알아챈
도동항 몸집 큰 목선 한 척
호위병 갈매기 떼 데리고
성급히 부두에 닿는다
지붕 붉은 집 마당엔
천년의 바다를 건너온
선원들 손바닥 물집이 여리다

# 칠포에서

바다가 꼬리를 씻는다
수평선이 구름에 가려져도
숨 고르며 달려온 파도는
개울물과 섞일 줄 안다
젖었다 말라가기를 반복
까마득한 모래의 날에도
해초를 넘어뜨린 파도는
살금살금 칠포에 닿는다
해변에서 엉킨 배란
고추잠자리 달아오른 몸도
덩달아 꼬리를 씻는다
몸 안 근심 다 꺼내놓고
부르르 떠는 산란이다

# 해무海霧의 온도

오후 2시에 들어올려지기까지
영도다리는 나의 적요지요
우산 든 그녀 앞에서 일어서다 뚝! 끊어진 길
몸은 육중했던 거죠
검은 바다 위에 동글동글 떨어지는
그녀 첫사랑 기억은 해무에 덮여
나는 하염없죠
다리 위에 서 있는 가로등은
마도로스의 파이프 담배 연기죠
모락모락 피어오르는 얼굴
볼꼴 못 볼 꼴 다 지나온 그에겐
이별 그거 별거 아니죠
그녀 떠난 뒤에야 다시 끊어지는
그런 이별이 있었다는 거죠
그래서 나는 이별을 영도다리라 부르죠
해무의 칼날에 베인 적요는
손의 온기를 버리고
팽그르르 날아가는 우산이죠

# 임청각

절개 지키려 이역만리 쫓기다가
처마 끝에 새벽달 걸렸다

세상 바뀌어도 돌아오지 못한 달

안동호 용 되어 붉은 한 토해
물안개 핀 월령교 푸른 등 휘감는다

철괴물 들이친 덧없는 흥망성쇠에도
얼마나 임청각 곧게 세워두고 싶었던지
달의 발바닥 푸릇하다

아흔아홉 칸 선비의 기개가
뜰 앞 전탑에 새긴 용머리
아미타불 아미타불 승천하는 청룡의 입에
여의주 물린다

임청각 뜰에 선 나는
드높은 선비의 절개에
용비어천가 되새긴다

# 인사동 두꺼비

없는 것 빼고 다 있다는
인사동 골동품거리

치열한 경쟁 뚫고 짝짓기에 성공하여 얻은 자식
등에 업은 두꺼비부부
떡하니, 한자리 차지하고
눈 뜬 채 휴식중이다

혹, 고향 무논 젓줄 웅덩이에 살던
그 두꺼비가 아닐까

서울에 취업하여 밥벌이 나간 자식 대신
북적대는 인사동 골목 다국적 인파 속 촌부
업은 손주도 떡두꺼비다

두꺼비 곁에 턱 괴고 앉으면
우리도 골동품이 되는 인사동
무거움도 가벼움도

있는 것도 없는 것도
예사롭지 않다

# 흔들림의 끝

언제 가마꾼 지나갔는지
아무도 기억하지 않는데
광화문 육조거리 빌딩은 해질 녘 분주하다

세종대왕 발아래
깨알 같은 활자 씹고 또 씹는다

따가운 한나절 첫사랑이 어디로 가는지
덕수궁 추녀 끝에 걸린 길
청사초롱이 묻는다

한 여인의 기도가 쌓고 허물던 날들이
무덤까지 손잡고 갈
갓 쓰고 도포 입은 선비의 마음을
잡아당긴다

훨훨 새들은 그리움 속으로 날고
가마꾼 없는 가마 저 혼자 졸고 있다

# 시월 평창

메밀 꽃잎 따서 소설 쓴 이효석을
한 번쯤 만나고 싶었다

옛길 죽령재를 넘을까, 이화령을 넘을까
머릿속 길을 잡는다

그나저나 시기를 잘 맞추어야
달이 뿌린 소금 맛을 볼 수 있을 텐데

생각이 간절한 만큼 혹, 볼 수 있을지도 몰라
당일은 어렵고 하룻밤 묵어야 한다니

구운 고등어 등뼈 사이 젓가락 깊게 넣어
씩씩하게 갈라놓는 능숙함의 속내에게
달뜬 메밀밭 같은 내 속살 안겨줘 볼까

물음표처럼 하룻밤을 걸어온 이효석이
내게 남긴 메밀밭길 층층이 넘어진
메밀대궁은 누가 일으켜 세울까

>

등뼈가시에서 하얗게 뜯겨진 살들
달처럼 둥근 접시는 지금
활활 타는 소금밭이다

# 사월 탐라

대문간 정낭에 세 개의 나무기둥 끼워졌다

집 떠나 먼 곳으로 가서
며칠 있다가 올지도 모른다는
아영 님 정표다

비워둔 집의 습한 냄새가 자극하는 코에서
4.3 시대적 아픔의 그날이
좁은 방 좁은 마당 여기저기
목이 메는 거울처럼 걸려 있다

살아생전 외롭고 처절했을 흔적에
끊이지 않는 추모의 발길
담 아래 수선화 참하게 웃으려는 몸짓이다

아영 님 며칠 있다 오실 거죠
칠십 년 세월, 이젠 무명천 벗고
제주바다에 귀 씻고 오실 거죠

햇살 아래 앉힌 돌담도 따라서 웃는다

## 밤 긴자를 먹다

날아온 수천수만의 거리가
도시의 도로 위에서
나그네의 캐리어로 끌린다

우동집은 오대째 이었고
윤기 나는 풍미의 솥밥은
이백삼십 년 밥탑을 쌓는다

얇게 터지는 생맥주도
가볍게 홀짝 넘길 수 없는 긴자의 자존심
이방인의 욕망 속 엉켜 있던 피곤함
단숨에 씻어준다

내 아픔도 네 아픔도
혀끝에서 느껴지는 맛
긴자는 밤의 도시다

| 해설 |

# 현실 초월의 꿈, 그 안과 밖

이태수

해설

# 현실 초월의 꿈, 그 안과 밖

이 태 수 | 시인

i) 김정옥은 시를 통해 어둡고 무거운 현실 속에서 부단히 꿈을 꾼다. 그 꿈은 현실과 가까워지기도 하고, 유토피아처럼 현실 너머 아득히 머물기도 한다. 어둠과 무거움, 소외疏外와 상실감에서 비롯되는 현실의 비애悲哀나 아픔들을 초극하려는 꿈이 사랑과 화해和解, 나눔과 베풂에 주어질 경우 현실과 가까워질 때도 없지 않지만, '카이로스의 시간'이나 이상理想세계를 향한 이데아 추구로 현실 초월을 꿈꿀 경우 그 꿈은 꿈으로만 남게 마련이기 때문이다.

하지만 시인은 그 목마름들을 숙명宿命처럼 끌어안으며 비켜서거나 멈춰 서지 않는다. 겸허하지만 완강하게 그 초극超克과 초월超越을 향한 발걸음이 거듭 이어진다. 그 발길의 향방과 빛깔은 마치 사방연속무늬처럼 안팎으로 번지고 퍼져 나가며, 안에서 밖으로 펼쳐지고 밖에서 안으로 되돌아오는 양상을 띠고 있다.

홀로의식과 자아 성찰自我省察을 바탕으로 하는 그의 꿈꾸기가 추억의 반추와 과거 회귀에 닿거나 소외된 사람들을 향할 때는 대체로 따스한 연민憐憫과 화해和解의 정서로 착색되지만, 현실을 직시하거나 미래를 지향할 때는 대조적으로 갈등과 열망의 빛깔이 짙게 배어나오곤 한다. 그러나 가까운 데서 먼 데로 이어지는 무수한 길 나서기는 궁극적으로 자아성찰의 거울 찾기로 귀결된다.

서사敍事의 서정화抒情化에 기운 듯한 김정옥의 시에는 토속적이고 향토적인 정서에 감싸인 여성 특유의 섬세한 감성과 시적 묘미, 첨예한 언어 감각과 발상들이 두드러지는 한편 낯익은 것들을 낯설게 하거나 낯선 화두話頭를 던지면서 기존 관념의 무화無化로 신선한 문맥과 이미지들을 빚으려는 시도들도 산견散見된다.

ii) 김정옥은 주관적이고 의식적인 시간을 끌어당기며 꿈을 꾼다. 그 꿈속의 시간은 '현실 너머의 시간'이며, 현실 속에서 꿈꾸는 '기회의 시간'일 경우가 적지 않다. 그러므로 그가 그리스 신화에 등장하는 카이로스 신神을 동경하거나 '하늘의 시간'으로 불리는 '카이로스의 시간'을 꿈꾸고 지향하는 건 자연스럽고 당연해 보인다.

시인이 마주치는 현실은 시 「카이로스의 시간」에 그려지는 바와 같이, "사각 벽이 내미는 배가 나를 죈다"고 느끼거나 "순응하며 살다가 / 누르지 못해 뜬금없이 치밀어 오르는 울화"에도 자유롭지 못하다. 하지만 그런 현실 속에서 '나'를 죄는 압박감이나 치밀어 오르는 울화를 염장鹽藏하듯 삭이면서 그 현실 너머의 '하늘의 시간'을 끌어당겨 안으려 한다.

불안하고 전망이 불확실한 데다 경계심마저 늦출 수 없는 현실의 굴레는, 화자의 감정이 이입移入되게 마련이겠지만, 마주치는 사물(대상)까지 불안한 시선으로 들여다보게 한다. "측간을 오갈 때 바지런 떨던 공벌레 / 정해진 방향이라도 있나 싶어 쪼그려 앉아서 보니 / 아직 고만고만한 그 자리 / 저놈도 뭐 딱히 진로가 없는 것 같다"(「카이로스의 시간」)는 대목은 그 사실을 단적으로 시사示唆한다.

공벌레는 끊임없이 움직이지만 지향하는 방향이 일정하게 정해져 있지 않아 진로進路가 없어(불확실해) 보인다는 인식에는 화자의 그런 정황이 그대로 투영(감정이입)돼 있다고 할 수 있다. 놀라서 주위를 경계할 경우 자기 방어를 하려고 몸을 공처럼 둥글게 마는 공벌레가 화자의 현실 대응법과도 다르지 않다고 느끼기 때문일 것이다. 하지만 화자는 그런 현실에 함몰陷沒되지 않기 위해 정면승부를 한다.

> 길상사 법당 공벌레 되어
> 점 하나로 액자 속에 들 수 있다면
> 시간과 정면승부했던 내 면벽수행은
>
> 무너질 걱정의 대들보도 없는
> 절 한 채 머지않아
> 번듯하게 지을 것이다
>
> ―「카이로스의 시간」 부분

여기서 주목되는 대목은 음습한 곳(현실의 처소)에서 사는 공벌레가 수행의 성스러운 공간인 사찰의 법당法堂(영혼의 처소)에 들듯 화자와 공벌레를 하나로 묶어 바라본다는 점이다. 화자는 이같이 음습한 현실의 처소에서 그 초월을 꿈꾸게 하는 영혼의 처소(법당)로 자리를 바꾸어 마치 공벌레가 "점 하나로 액자 속에 들"게 되는 것과 같이 '하늘의 시간'에 다다를 수 있기를 소망하며 현실과 정면으로 승부한다.

측간(화장실)에서 바지런을 떨던 공벌레가 법당의 액자 속에 들어 점 하나로 동작을 멈추고 고정되는 경지는 하늘의 시간에까지 다다름에 다름 아니며, 그 영혼의 처소는 현실 초월의 이상세계(천국 또는 극락)를 기구祈求하는 공간이기도 하다. 화자는 법당에서 면벽

수행面壁修行을 하면서 카이로스의 시간(하늘의 시간)을 꿈꾸고 지향한다면 "무너질 걱정의 대들보"도 없는 "절 한 채(정신적 이상세계)"를 "번듯하게 지을" 수 있을 것이라는 기대감도 곡진하게 실려 있다. 그러나 이 같은 현실 초월에의 꿈은 화자에게 현실이 "걱정의 대들보"가 무너질 것 같다는 절박감의 역설逆說일 수도 있다.

그렇다고 시인은 카이로스의 시간을 꿈꾸기 때문에 현실을 어둡고 무겁게만 바라보지는 않는다. 「따뜻한 동지冬至」에 그려지듯이 "등 시린 소외 구석구석"에 눈길을 보내고 "더 깊을 밤이 없는 동지 / 더 가질 것도 없는 동지"에 마음을 가져가면서도 어둠과 상실, 소외감의 끝을 떠올리면서 춥고 어둡고 소외된 정황을 그 반대 방향으로 돌리려고도 한다. 또한 "밤이 피어올린 온기는 둥근 정"이라는 구절에서 읽게 되듯이 "둥근 정"이 동지의 밤에도 온기를 피어올리며, "저 높은 곳 그분"(절대자)의 미소를 "팥죽의 향기"에 비유하는가 하면, 화자도 "새해에 낳을 알 만드느라 / 끙끙거리는" 마음을 따뜻하게 끼얹어 놓게 된다.

이 시의 첫 연 "백여 명의 입에 떠물릴 팥죽은 / 종교의 안과 밖"이라고 하는 대목은 소외된 사람들에 대한 사랑을 전제로 팥죽을 나누고 베푸는 걸 "종교의 안과 밖"('종교의 모든 것)이라고 규정하고 있기 때문이다. 나아가 화자도 적극 동참하는 모습을 대동하고 있어 카이로스의 시간에는 사랑과 나눔과 베풂으로 다다를 수 있다는 뉘앙스를 거느리고 있는 것으로 보게 한다.

시 「첫 손님」에도 현실은 "내가 사는 막다른 곳"이며, "먼지 춤"이 난무하고 "억압을 견뎌온 시간"을 떠올리게 하는 곳으로 그려지고, 「봄 도톰하다」에 역시 "사방을 둘러봐도 / 기댈 나무 한 그루 없"는 곳으로 묘사되고 있다. 그러나 그러면서도 "무릎을 소리 없이 일으켜 세워 / 왼쪽 볼을 햇살에게 내어" 주고 "건네 온 먼지의 눈인사에 / 골주름 바닥은 / 햇빛 보톡스를 맞은 듯 / 억압을 견뎌온 시간 / 긴장을 풀고 있다"(「첫손님」)거나 "아물린 상처자리 펄럭이는 옷깃 / 숨겨둔 어둠은 도톰해서 / 만질수록 간지럽다"(「봄 도톰하다」)고 완만하게 반전反轉을 꾀한다. 단적으로 말하면, 그런 따뜻한 세상을 열망하고 있지만 현실은 그렇지 못하다는 안타까움에 무게가 실려 있다고도 할 수 있다.

> 가시 찔린 손가락이 아리다
> 손가락을 찌른 가시는 더욱 아리다
> 숨이 멎긴 마찬가지다
> 낙화하지 못한 꽃 한 송이를 매단
> 도화나무는 얼마나 안타까울까
> 벗지 못해 지고 온 삶의 무게가
> 바나산 일천사백 고지 허리춤

파편 박힌 옹이에 손을 얹게 한다
한 그루 고목이 되고서야
저만치 남은 는개에 묻혀오고
달라붙은 고독은 마지막까지 남은 자존심
견딘 시간만큼 발이 저려온다
마른 딱지인 듯 가지를 물고 놓아주지 않는
이 꽃을 어찌하면 좋을까
고목에 수액 돌아 새순 돋을까

— 「난감」 전문

이 시에서는 '난감'할 수밖에 없는 안타까움의 극치를 떠올리면서 카이로스의 시간에 대한 열망을 곡진하게 드러낸다. "가시 찔린 손가락이 아리다 / 손가락을 찌른 가시는 더욱 아리다"는 표현에서 아린 손가락보다 그렇게 한 가시가 더 아리다고 가해자를 질타하고 있기도 한데, 이는 세태 풍자世態諷刺의 역설에 다름 아니다.

더구나 꽃이 피어나기보다 지지 못한 채 매달려 있는 꽃이 안타깝다고 바라보거나 화자가 "벗지 못해 지고 온 삶의 무게가 / 바나산 일천사백 고지 허리춤 / 파편 박힌 옹이에 손을 얹게 한다"니 그야말로 난감의 극치가 아닐 수 없다. 벗지 못해 지고 온 삶의 무게가 먼 이국異國 베트남의 다낭에 자리 잡고 있는 고산高山 중턱의 "파편 박힌 옹이"(전쟁의 흔적)에 손을 얹게 한다는 마음자리는 가히 짐작이 되고도 남음이 있다.

여기서 시인은 사랑과 함께 평화平和라는 덕목을 부각시킨다. 그런 덕목들이 떠밀려 있는 세상(도화고목)의 '낙화하지 못한 꽃 한 송이=벗지 못해 지고 온 삶의 무게'라는 등식을 적용시키며 사랑과 평화가 충만한 카이로스의 시간을 열망하게 할 뿐 아니라 급기야는 "마른 딱지인 듯 가지를 물고 놓아주지 않는 / 이 꽃을 어찌하면 좋을까 / 고목에 수액 돌아 새순 돋을까"라는 우려 속의 기구를 하기에 이른다.

이 같은 꿈꾸기는 "일그러뜨려도 뫼비우스띠는 뫼비우스의 띠 / 비틀어도 좌우는 풀리지 않"(「나비 된 팬지꽃」)지만, "시공 넘어 톡톡 카톡을 보"(「수경꽃」)내거나 "핑크뮬리 스러지기 전 / <중략> / 천천히도 말고 / 서두르지도 말고 / 꿈의 다리 중간쯤에서 만"(「꿈의 다리」)나자고 희망의 끈을 붙들기도 한다.

그러나 새봄을 맞는 자연 앞에서는 겸허하게 마음을 낮추고 소박한 여성의 자리로 돌아가 사소한 일상사에도 감사하며 따스한 꿈을 꾸게 되기도 한다. 만물이 생동하는 봄날에는 잠시나마 그 기운에 젖게 되는 덕분인지도 모를 일이나 그보다는 시인의 내면內面을 겸허하게 반영하는 것으로 읽어도 좋을 것 같다.

> 몇 차례 봄비 지나가고
> 화단의 주목이 손가락 한 마디만큼
> 새순 밀어 올렸다

이리저리 끌고 가던 마트의 카트
무빙워크 위로 올려 주차장까지 데려온 내가
참으로 신통해 보인다

이젠 혼자서 외식도 하고
이젠 혼자서 영화도 보고
이건 좀 무리인가 싶지만
해외여행도 엄두를 내본다

혼자 살아보기 작은 능선 하나는 넘은 듯
이 정도면 뿌듯하다

올해 보지 못한 산비탈 진달래도
내년에는 꼭 보겠다고
늘 걱정해주는 친구에게 전화를 건다

촉촉한 아침 커피향 함께 나눌
좀 더 자란 화단의 주목에게
내 안의 나를 찾게 해달라고
부탁 말 건네본다

—「나를 찾아가는 길」 전문

소박한 자아 성찰에 무게 중심이 주어져 있는 이 시는 마치 봄기운처럼 따스하고 촉촉하며, 아침 커피의 향기와 같이 다가온다. 봄을 부르는 비가 몇 차례 내린 뒤의 화단에서 새순을 내미는 주목朱木을 바라보는 데서 쇼핑을 하고 봄나들이 꿈을 꾸는 데로, 다시 자신을 잠시 들여다보다가 건너뛰어 진달래도 져버린 뒤의 친구와의 전화 통화로, 또다시 화단의 주목을 바라보면서 자아 성찰로 귀결되는 마음의 그림이 오롯이 담겨 있다.

이 시의 화자는 새봄에 쇼핑을 하면서 카트에 짐을 싣고 무빙워크를 거쳐 자동차를 세워둔 주차장까지 짐을 나른 자신이 신통하게 여겨질 정도라면 이는 사소한 일에도 감사하는 마음의 발로發露이고, 자신을 그만큼 낮추고 있기 때문이라고 볼 수도 있다. 게다가 혼자서 외식하고 영화를 보며 해외여행도 하는 일상사의 여유마저 '자신을 찾아가는 길'의 일환으로 여기며 그간 혼자 살아온 삶을 기꺼워하기도 한다.

더 나아가 친구는 물론 화단의 나무에까지 따스한 마음을 가져가는 데 그치지 않으면서 그 나무를 자아의 길 찾기 멘토로 끌어올려 바라보는 마음은 아름답다. 자신을 찾아가는 길도 사소하고 낮은 데서 출발하고 있는 건 순전히 겸양지덕謙讓之德 때문일 것이다. 이렇게 본다면 김정옥의 '카이로스의 시간 꿈꾸기'는 사소하고 낮은 데서 비롯된다는 방증傍證으로 봐도 좋을 것이다.

iii) 김정옥의 시가 거느리는 또 한 가지 두드러지는 특징은 토속적, 향토적 빛깔로 감싸인 연민의 정서가

번져 흐르고, 그 안에 겸허하고 따스한 휴머니티를 다져넣고 있다는 점이다. 현실을 직시하거나 미래를 지향하기보다 추억을 반추하거나 고향과 가족과의 기억을 떠올리고, 소외된 사람들을 향할 때는 특히 그렇다. 때로는 그 속에서의 자기 연민의 정서가 처연하고, 완곡한 파토스들이 이랑지고 착색되기도 한다.

낮에 잠시 꿈속에서 "천년을 살고 싶은 집"의 연화좌대蓮花坐臺에 앉아 자신을 기다리는 저승의 어머니와 해후한 뒤의 안타깝고 아쉬운 심경을 그린 시 「집, 천년을 함께할」은 그 대표적인 경우의 하나다. 강산이 몇 번이나 바뀐 뒤 꿈속에서의 짧은 만남이 더욱 아쉬운 건 이내 꿈을 깨버렸기 때문이겠지만, 꿈속에서도 다시 만날 기약도 없으므로 "손잡고 얼굴이라도 한 번 비벼 볼 걸 / 포옹이라도 해 볼 걸"이라는 회한悔恨을 안게 한다. 현실적으로는 어머니에게 전화를 걸 수 없겠지만 그런 시도도 해본다. 그러나 소통이 될 리는 만무하다.

그 만날 수 없는 대상(어머니)에 대한 절절한 그리움은 슬피 우는 쑥꾹새 울음에 투사投射되고 있다. "우주 저편에서 들려오는 / 어머니 시중들던 한 여인의 목소리가 / 쑥꾹새로 돌아와 / 꿈속 미음자 대문 기와 들썩거리도록 운다"는 표현이 그것이다. 더구나 그 쑥꾹새는 "이제 그분은 극락으로 가셨다"고 일러준다지만, 이

역시 자신의 바람에 지나지 않을 따름이다.

하지만 화자는 그 안타까움과 아쉬움을 자기 위무自己慰撫로 방향을 돌리기도 한다. 꿈속에서 어머니를 만났을 흘린 눈물이 베개를 적셨지만 "봄 햇살이 닦아주"었다거나 "언젠가 나 돌아가 어머니와 함께할 집을 / 봄날 꿈속에서 보았으니 / 내게 남겨진 앞으로의 봄날들은 / 평온한 참꽃 펄럭여도 좋으리"라고 마무리하고 있기 때문이다. 그러나 어머니에 대한 그리움과 함께하고 싶은 심정은 평상시에도 마찬가지다.

거북부부 한 쌍 이십년째 동거 중이다
동해바다 벽화 아래

두 마리 거북 번갈아 등에 타고
바다를 유영하다
어머니 계신 곳에 닿고 싶다

치마폭 무릎에 앉아
한 움큼 꺾어온 찔레의 껍질을 벗기며
옛이야기 잘근잘근 씹고 싶다

집 나서는 거북부부 따라
날마다 길 바꾸다가
돌아올 길 잃어도 좋다

생을 함께할 구갑석 거북부부

—「물 위의 동거」 전문

'구갑석 거북부부'가 거북들인지, 우화적寓話的으로 표현했는지는 알 수 없지만, 그 거북부부와 자신의 삶을 하나로 묶어 들여다보고 있어 각별히 눈길이 간다. 그것도 동해바다 벽화 아래서 이십년째라니 더욱 그렇다. 그렇다면 그 거북부부의 등에 번갈아 타고 어머니 곁으로 가고 싶어 한 지도 이십년째이며, 현재진행형이라는 이야기이지 않은가. 더구나 그들을 따라 나서며 날마다 길을 바꾸다가 돌아올 길을 잃어도 좋다고 하니 어머니에 대한 그리움이 얼마나 절절한지를 알 수 있다.

이 시에서는 어머니가 하늘나라(극락)에 있지 않고 바다 세계(용궁龍宮)에 있다고 믿는 점이 「집, 천년을 함께할」에서와는 사뭇 다르지만, 이 역시 지금·여기서는 만날 수 없는 어머니에 대한 그리움이 하늘뿐 아니라 바다에도 투영될 정도로 간절하다는 뜻으로 읽힌다. 또한 어머니 무릎에 앉아 찔레 껍질을 벗기며 옛이야기를 잘근잘근 씹고 싶다는 대목에서 느끼게 되듯, 어린 시절 어머니와의 따뜻한 추억 속으로 회귀하고 싶은 마음과 그 시절에 대한 그리움의 농도가 어느 정도인지 짐작케 한다.

하지만 그 지난날들이 풍요로워서 그런 것이 아니며, 궁핍했더라도 따뜻한 인정仁情과 사람 냄새가 충만

한 때라서 기억 속에 아름답게 각인돼 있으며, 그리움의 대상으로 자리매김하고 있을 것이다. 가족(언니)과의 지난날을 회상하는 시에도 비록 궁핍한 시절이었더라도 따뜻하고 애틋한 연민의 정서가 곡진하게 배어나온다.

> 어깨 끈 달린 속자루 만들어 돌 지난 딸아이 넣어 메고
> 군용 모포 포대기 보릿단 묶듯, 단디단디 동여매어
> 서방님 찾아 속초 간 스물셋 언니
>
> <중략>
>
> 꽁보리밥 된장에 삭힌 진저리
> 달랑 걸친 숟가락 하나로 바다를 떠먹던 그 집
>
> –「그땐 그랬다」부분

구 남매의 맏며느리로 강원도(속초)로 가난한 집에 시집간 언니에 대한 연민이 짙게 배어나오는 이 시에서도 그러하지만, 길을 잘못 들어 막다른 길의 막다른 집(국수집)에서 처음 만난 가난한 사람들과의 우연한 조우에도 그런 배려의 마음은 한결같다.

"길 잘못 든 나를 마당에서 배웅하는 중년부부 / 날개를 가졌으나 날지 못하는 / 오리와 닭 / <중략> / 막다른 길에서 만난 오늘의 비가 그렇듯 / 닭대가리 육수에서 건져 올린 / 잔치국수 먹으러 / 꽃비 밟으며 다시 와야 하니까"(「막다른 길 막다른 집」)라는 대목만 봐도

그렇다. 외딴 국수집을 꾸리며 살아가는 중년 부부, 날지도 못하고 음식 감으로 죽음을 기다리는 오리와 닭, 꽃잎과 함께 내리는 비, 닭대가리로 우려낸 육수에서 건진 잔치국수가 환기하는 분위기와 꽃비 밟으며 다시 오고 싶다는 화자의 마음자리는 그야말로 따스하게 아름답다.

이 같은 마음자리는 인연因緣을 소중히 여기는 데서 기인하며, 가파른 현대를 살아가면서도 선현先賢들의 교훈에 귀를 기울이는 온고지신溫故知新의 미덕을 받들고 있기 때문에 가능해진다. 공자孔子가 인연에 비유한 말을 서애西厓 류성룡이 풀이한 글에 착안한 듯한 시 「비옥취사比玉聚沙」는 사람이 아니라 꽃과 벌, 나비를 등장시켜 군자君子의 친구 사귐의 덕목을 일깨운다.

그대  
꿀을 따다  
꽃에게 상처 입었나요  
꽃에게 상처를 입혔나요

산 넘고 들을 지나  
무수한 꽃밭 지나온 그대  
쿨렁쿨렁 지친 건 아닌가요

<중략>

나 그대에게

목도리 두 번 둘러 상처 감싸며
처음엔 물처럼 담담하나
오래가는 친구였으면 해요

날갯짓에 지친 그대에게
상처 내지 않을
비옥취사 어떤가요

―「비옥취사比玉聚沙」 부분

공자의 '비옥취사'를 풀이한 서애에 따르면 군자들의 친구관계는 비유比喩하자면 옥玉이 모이는 것과 같아 서로 따뜻하면서도 엄격하게 자신을 지키게 된다. 그러나 소인小人들의 친구관계는 마치 모래를 모아놓은 것 같아 처음 만나서는 서로 잘 섞이고 부류를 가리지 않고 잘 사귀나 끝에 이해관계가 없어지면 얼음이 녹듯 서로 갈라지게 된다는 것이다.

이 시에서 '그대'는 꽃의 꿀을 따다가 상처를 입히거나 되레 상처를 입는 벌과 나비에 비유되고 있으며, '꽃'을 '나'(또는 그대)로 비유하면서 함께 즐거운 곳(인연)으로 만들기 위해 행여 '나'가 '그대'에게 상처를 입혔다면 "목도리 두 번 둘러" 감싸며 군자의 친구 사귐같이 사귀자고 한다. 더구나 마지막 연에서는 멀리 오느라 날갯짓에 지친 '그대'에게 '나'가 상처 내지 않을 걸 전제하면서 '비옥취사'가 어떠냐고 반문하고 있기도 하다. 오로지 자신을 낮춰 베풀려고 하는 마음은 더욱 아름답다.

게다가 겸허한 마음은 직접 재배한 사람에게 얻은 무공해 배추를 담은 비닐봉투를 냉장고 넣었다가 석 주쯤 지나 노란 꽃이 핀 것을 보고 "조물주 뜻에 순응했다는 것 / 이 얼마나 감사한 일인가"(「한 번 단 한 사람」)라는 감탄 역시 같은 맥락으로 읽힌다. 그러나 자신으로 시선을 돌리면서는

강산도 바꾼다는 세월
한 번 단 한 사람 꿈꾸며 비워둔 자리

하느님 아버지 붓다 삼촌께 들인 정성
배추꽃 노란 너는 나보다 낫다

추운 밤 하나의 심지로 뻗어 올린
간절한 촛불 같다

—「한 번 단 한 사람」 부분

라는 파토스와 자기연민에서 자유롭지 않아진다. 이 비애는 가족이나 주위의 소외된 사람들에게 보내는 사랑과 연민, 그리운 사람들을 향한 추억의 반추와도 그 빛깔과 방향이 다르다. 마음이 향하는 방향이 지난날이 아니라 지금에 이른 날들까지 넘어서는 앞날로 열려 있기 때문이다.

이 지독한 홀로의식에는 오랜 세월 동안 가까운 동반자同伴者를 잃고 다시 만나지 못해 "한 번 단 한 사람

꿈꾸며 비워둔 자리"가 채워지지 않는 상실감과 안타까움이 짙은 빛깔을 띠고 있다. 게다가 오랜 소망에도 불구하고 냉장고 속의 배추를 담은 비닐봉투에서 돋아난 배추꽃보다도 못하다는 자괴감으로 비약되기도 한다. 오죽하면 노란 배추꽃이 추운 밤에 자신의 간절한 기구를 담고 타오르는 촛불 같다고 토로吐露하겠는가.

ⅳ) 시인의 홀로의식은 자주 길을 나서게 하고, 그 길 나서기는 가까운 데서 아주 먼 데까지 다채롭게 이어지게 하는지 모른다. 그러나 시 「나를 찾아가는 길」에서 어느 정도 암시되고 있듯이, 그의 잦은 발길(나들이길)은 대상에의 깃들임을 통한 자신 찾아 나서기에 다름 아니다. 곳곳의 자연과 사물이나 명소名所들은 시인에게 새로운 일깨움을 안겨줄 뿐 아니라 자아 성찰의 거울이 되어 주기도 하기 때문이다.

칠백 년 살아온 주목 한 그루
삼복의 한낮
천하제일복지에 입 꾹 다물고 섰다

홀로 버티는 위풍당당 저 모습
하늘 땅 사이 구멍 숭숭 드러난 게
꼭, 늙은 공룡의 화석 같다

말이 좋아 천하제일복지지
곤룡포, 넥타이, 칼부림, 총소리에

까만 밤 비릿한 권력의 이동
소리 없는 발자국도 지켜보았을 것이다

이제 또, 백 년도 못 사는 인간의 애사에
살점 버린 주목은 빙그레 웃는다

고통이라는 짐을 짊어진 산 자가
죽은 자의 그늘 자락 지날 때
아낌없이 내어주는 건
호리병에 든 감로수 한 모금

아직 끝나지 않은 듯
주목은 붓다의 수행이다

—「끝나지 않은 수행修行」 전문

길을 나서서 행복하게 살만 한(지덕地德이 좋은) 최상의 땅, '천하제일복지'로 알려진 땅에 살아 있는 수령 칠백년의 주목을 만나 그 모습을 시인의 '마음의 그림'으로 그려 보이는 이 시는 그 좋은 본보기다. 화자는 한여름 무더위 속에도 묵묵히 서 있는 그 고목은 세상이 무수히 바뀌는 동안 오로지 한자리에서 홀로 버텨 온 모습이 위풍당당하다고 본다. 하지만 순탄하게 살아 온 게 아니라 "곤룡포, 넥타이, 칼부림, 총소리" 등이 환기하는 바와 같이, 조선조를 거쳐 지금에 이르기까지 온갖 풍상을 겪고 인간세상의 역사적 변전變轉과 그 질곡桎梏도 헤아리기 어려울 정도로 지켜봐야만 했을 거라고 보기도 한다.

시인은 그런 시선으로 그 고목을 "늙은 공룡의 화석 같다"고 보는가 하면, "백 년도 못 사는 인간의 애사에 / 살점 버"리고도 "빙그레 웃는다"고도 묘사한다. 게다가 인격人格을 부여(의인화)할 뿐 아니라 성인聖人(붓다)으로까지 승격시키고 있으며, 끊임없이 수행한다고 여기고 있기도 하다. 이는 그 고목의 풍모에다 깨달음에 다다른 시인의 마음을 반영하고 투사(감정이입)하기 때문일 것이다.

절개 지키려 이역만리 쫓기다가
처마 끝에 새벽달 걸렸다

<중략>

아흔아홉 칸 선비의 기개가
뜰 앞 전탑에 새긴 용머리
아미타불 아미타불 승천하는 청룡의 입에
여의주 물린다

임청각 뜰에 선 나는
드높은 선비의 절개에
용비어천가 되새긴다

— 「임청각」 부분

부분 인용한 이 시는 일제 강점기 때 상하이 임시정부 등에서 독립운동가로 활약한 석주石洲 이상룡의 생

가인 임청각의 모습을 통해 그의 생애를 서정적인 언어로 감싸서 부각시킨 경우다. 역사의식이 관류하는 이 작품은 특히 석주의 풍모를 흠모하면서 그 기개를 되새겨 자신의 거울로 들여다보고 있다. 이 같은 역사의식과 그로 인한 자기 성찰은 「금장리 망루」의 "한때 내가 쏘아올린 꿈 / 오늘 밤 별이 되어 / 김유신 눈 맑은 유전자 / 이렇듯 촘촘히 잊힌 신라를 살핀다"는 대목이나, 울릉도에서는 이 섬을 정벌한, 역시 신라 시대의 장군인, 이사부異斯夫를 떠올리며 "맞댄 술잔에서 꺼낸 파도가 / 몸 안에 출렁일 때 / 이사부의 첫발 딛는 소리 들린다"(「풍경, 줌인 되다」)는 대목 등에도 선명하게 부각돼 있다.

> 물음표처럼 하룻밤을 걸어온 이효석이
> 내게 남긴 메밀밭길 층층이 넘어진
> 메밀대궁은 누가 일으켜 세울까
>
> 등뼈가시에서 하얗게 뜯겨진 살들
> 달처럼 둥근 접시는 지금
> 활활 타는 소금밭이다
>
> —「시월 평창」 부분

소설가 이효석의 단편소설 「메밀꽃 필 무렵」을 끌어들이고 있는 이 메타시는 "달처럼 둥근 접시는 지금 / 활활 타는 소금밭"과 같이 이효석의 감성과 시인의 감성이 오버랩 되고 융화된 아름다움을 빚는다. 그런가 하면, 이와는 뉘앙스가 다르게 형이상학적인 추구로 나아가는 일련의 작품에는 서정적인 언어와 그런 감성으로 돋우어낸 시적 상상력들이 반짝인다. 법당에서 여승과 함께 염화미소拈華微笑에 마음의 눈을 떠보려 하면서

풍경 건드린 바람이
조심스레 문지방 넘어오며
납작해진 신발바닥 안의 그림자
벌떡 일으켜 세운다

깜빡 졸던 목어 따라서
출렁 뛰어내린다

—「염화拈華」 부분

고 그리고 있는 이 시도 그런 범주에 든다. 표현의 묘미가 돋보이는 서정적이고 감성적인 언어들이 구사되고 있으면서도 깨달음에 이르려는 완곡한 길 트기의 모습이 떠올라 있기 때문이다.

김정옥의 일련의 여행시들은 여성 특유의 감성과 시적 묘미, 첨예한 언어 감각과 발상(상상력)이 두드러지는 점도 눈길을 끄는 특징들이다. 남해 앵강만 일대를 여행하면서 바래길을 새색시 적 구부러진 길이라고 보거나 "보일 듯 말 듯 단속곳 버선코가 / 사뿐사뿐 건너

밟던 다랑논"(「동백 젖다」)이라고 형상화하는 마음눈, 홍매화 핀 구룡포의 말목장성 산책길에서 점심상에 오른 대게와 마주하며 "구룡포 돌문은 / 내 어머니 흘리신 땀내 / 겨우내 싸매어 두었던 / 가얏고를 푼다 / <중략> // 지나온, 머무른, 떠나간 / 열두 줄 고갯마루길 / 숨찬 달의 향기 퉁긴다"는 묘사 등이 그 예다.

부용화芙蓉花를 두고서도 "물거울에 사당위패 흔들릴 만큼 요염하"고 "깨알 같은 한숨도 너끈히 받아 안은 / 한옥지붕 날개처럼 가볍다"(「부용화」)든가, "손끝보다 먼저 붉어지는 /동백의 귓불"(「허들링」), "적천사 법당 앞 / 귀밑 솜털 보송보송 청매 / 뜬구름 발길 잡는 / 풋가시내 젖꼭지다"(「쓴맛」), "봄 햇살 온몸으로 받아내느라 / 땅의 배꼽이 깊어졌다"(「계명의 비」)는 감각적인 표현들도 상큼하다.

간밤 모시적삼 벗어 던지고
달려온 낮달이
허전해진 허리로
수하계곡 내려다보겠다고
적송 우듬지에 들었다
<중략>
물바람 쐬아 치달아 올라 뜬 낮달에는
낮잠 자고 싶던 잠자리가
사는 일은 다 버거워
휘청이는 날갯짓

— 「계곡, 수하에서 놀다」 부분

바다가 꼬리를 씻는다
수평선이 구름에 가려져도
숨 고르며 달려온 파도는
개울물과 섞일 줄 안다
<중략>
해변에서 엉킨 배란
고추잠자리 달아오른 몸도
덩달아 꼬리를 씻는다
몸 안 근심 다 꺼내놓고
부르르 떠는 산란이다

—「칠포에서」 부분

부분적으로 인용한 이 두 편의 시에는 여행시 가운데 가장 김정옥다운 감성의 결과 무늬들로 아로새겨져 있다. 「계곡, 수하에서 놀다」에도 계곡을 배경으로 한 낮달, 적송赤松 우듬지, 졸음 겨운 잠자리의 날갯짓 등의 이미지들이 토속적인 정서의 옷을 입은 채 반짝이는가 하면, 「칠포에서」엔 바닷물과 개울물이 만나는 지점의 바닷물을 "바다가 꼬리를 씻는다"든가 산란기產卵期에 바다에서 하천으로 회귀해서 산란하는 연어뿐 아니라 "고추잠자리 달아오른 몸도 / 덩달아 꼬리를 씻는다"는 표현은 매력적이다.

또한 "건천의 둑방길을 매화가 벌렸다"(「활짝 둑길」)든가 저물녘의 어라연을 "숨 돌린 강은 백사장 베고 청하는 잠 / 배를 걸어 올린 여유로움 / 푸근한 별의 방석이 되어 준다"(「유민流民」), 일본 도쿄의 음식점에서 느낀바 "우동집은 오대째였고 / 윤기 나는 풍미의 솥밥은 / 이백삼십 년 밥탑을 쌓는다"(「밤 긴자를 먹다」) 등의 발상과 상상력의 묘미들도 끌리는 대목들이다.

오어사가 꽃살문 문짝인가
꽃살문 빛바랜 문짝이 오어사인가

부서진 시간처럼 걸어둔 뜬구름
살아오며 풀지 못한 화두를 본다

경전을 옮겨 흘려 쓴 기둥 글씨
저리도 가지런할 수 있었던 건
글씨를 읽는 딱따구리
수시로 다녀갔기 때문

부서지는 소리와 튕겨지는 소리 버무려져
생사의 경계를 넘으려다
본다, 뭉개졌을 끌날의 고요

묵화 핀 솔가지 스치는 눈발
탑의 어깨에 미끄러진다

오어사 꽃살문 틈새에 걸린 화두
동자승 빗자루가 쓸어 모은다

― 「친숙한 문양들」 전문

이 해설의 마무리 부분에 이 시 전문을 인용하고 찬

찬히 들여다보게 된 까닭은 표제시이기도 하지만, 오어사吾魚寺를 소재(또는 배경)로 삼고 있으면서도 이 절의 전설(연원)이나 역사와는 무관하게 '낯선 화두話頭'를 던지고 있으며, 그의 시에는 대체로 그런 기미가 이미 간헐적으로 관류하고 있었던 것 같은 느낌 때문이기도 하다.

오어사라는 명칭은 신라의 고승 원효元曉와 혜공惠空이 이곳 계곡에서 고기를 잡아먹고 방변放便했는데 두 마리 중 한 마리는 흐르는 물을 거슬러 올라가고 다른 한 마리는 아래로 내려가 올라가는(살아 있는) 고기가 서로 '자기 고기[吾魚]'라고 우겼다는 설화 때문에 붙여졌다고 전한다.

그러나 이 시는 제목이 「친숙한 문양들」인 데다 의미망을 곧이곧대로 따라가 봐도 오어사 문짝의 무늬들이 친숙하게 느껴지지도 않는다. 첫 연부터 "오어사가 꽃살문 문짝인가 / 꽃살문 빛바랜 문짝이 오어사인가"라는 낯익지 않은 물음(화두)으로 시작되며, 둘째 연에서도 풀지 못한 화두가 부서진 시간처럼 걸어둔 뜬구름이고, 셋째 연에선 절 기둥에 흘려 쓴 경전 글씨가 가지런해 보이는 건 딱따구리가 수시로 읽었기 때문이라고 그려져 있다. 또한 부서지는 소리와 튕겨지는 소리가 함께 뭉개진 다음의 고요에 무게가 주어지고, 그 주위에서는 눈발이 솔가지를 스쳐 탑의 어깨에 미끄러지는 장면이 연출되며, 마지막 연에서는 꽃살문 틈새에 걸린 화두를 동자승 빗자루가 쓸어 모으는 것으로 마무리되고 있다.

김춘수는 한동안 관념(고정관념)을 무화시키려는 '무의미無意味 시'를 지향했으며, 이승훈은 '비대상非對象 시'를, 러시아의 형식주의자들은 '낯설게 하기'를 시도했었다. 뉘앙스는 각기 다르지만 낯익은(친숙한) 것들을 낯설게 함으로써 신선한 문맥이나 이미지들을 끌어내려 한 시도들이었다고 할 수 있다.

이 표제시를 각별히 주목하는 이유는 김정옥이 앞으로 나아갈 길을 어느 정도 암시하는 것 같고, 복합적인 내면 풍경內面風景을 낯선 문맥으로 떠올리면서도 참신한 느낌을 안겨줄 뿐 아니라 "오어사 꽃살문 틈새에 걸린 화두 / 동자승 빗자루가 쓸어 모은다"는 마지막 구절이 낯선 매력을 발산하고, 오묘한 여운餘韻을 거느리고 있기 때문이다.